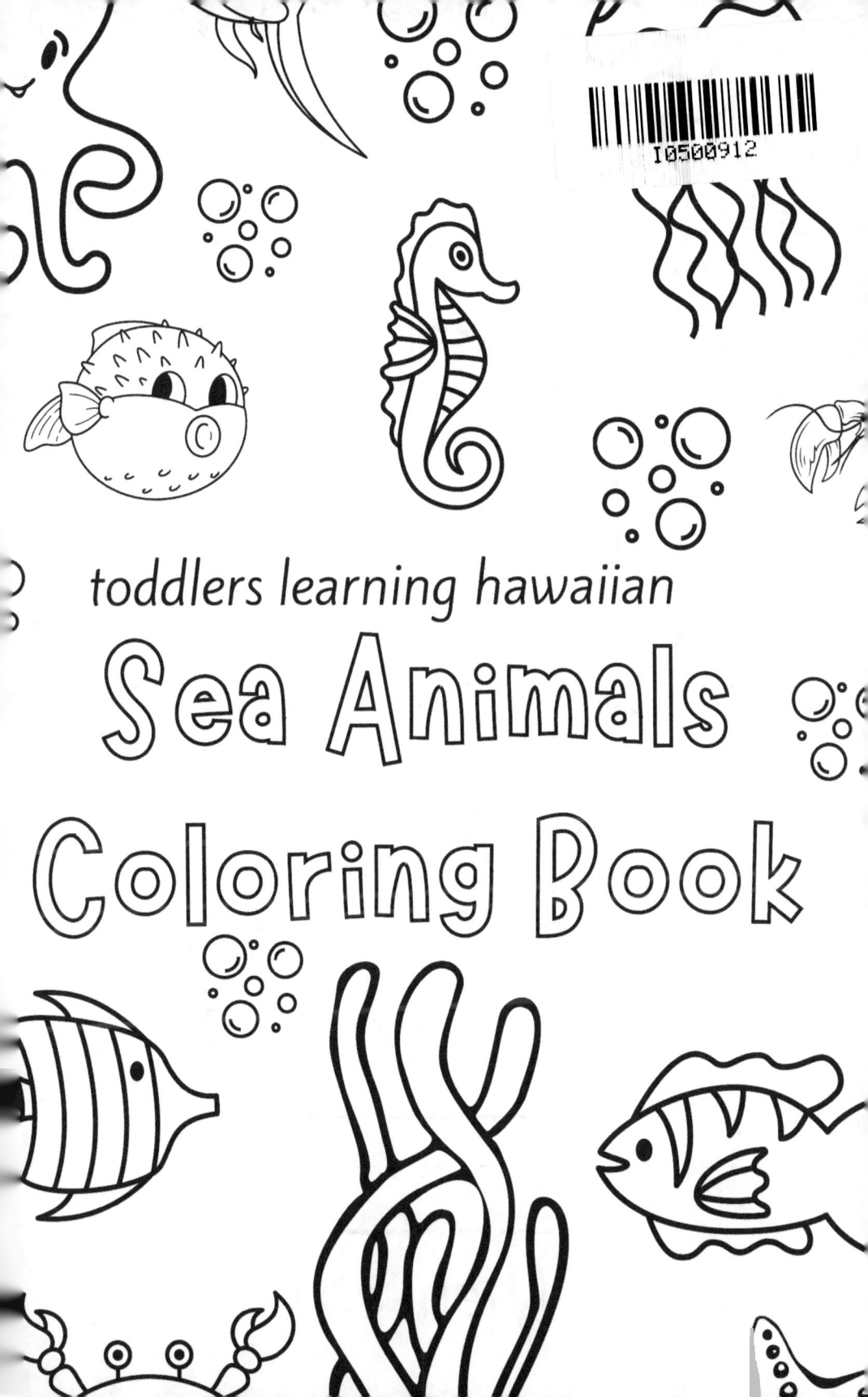

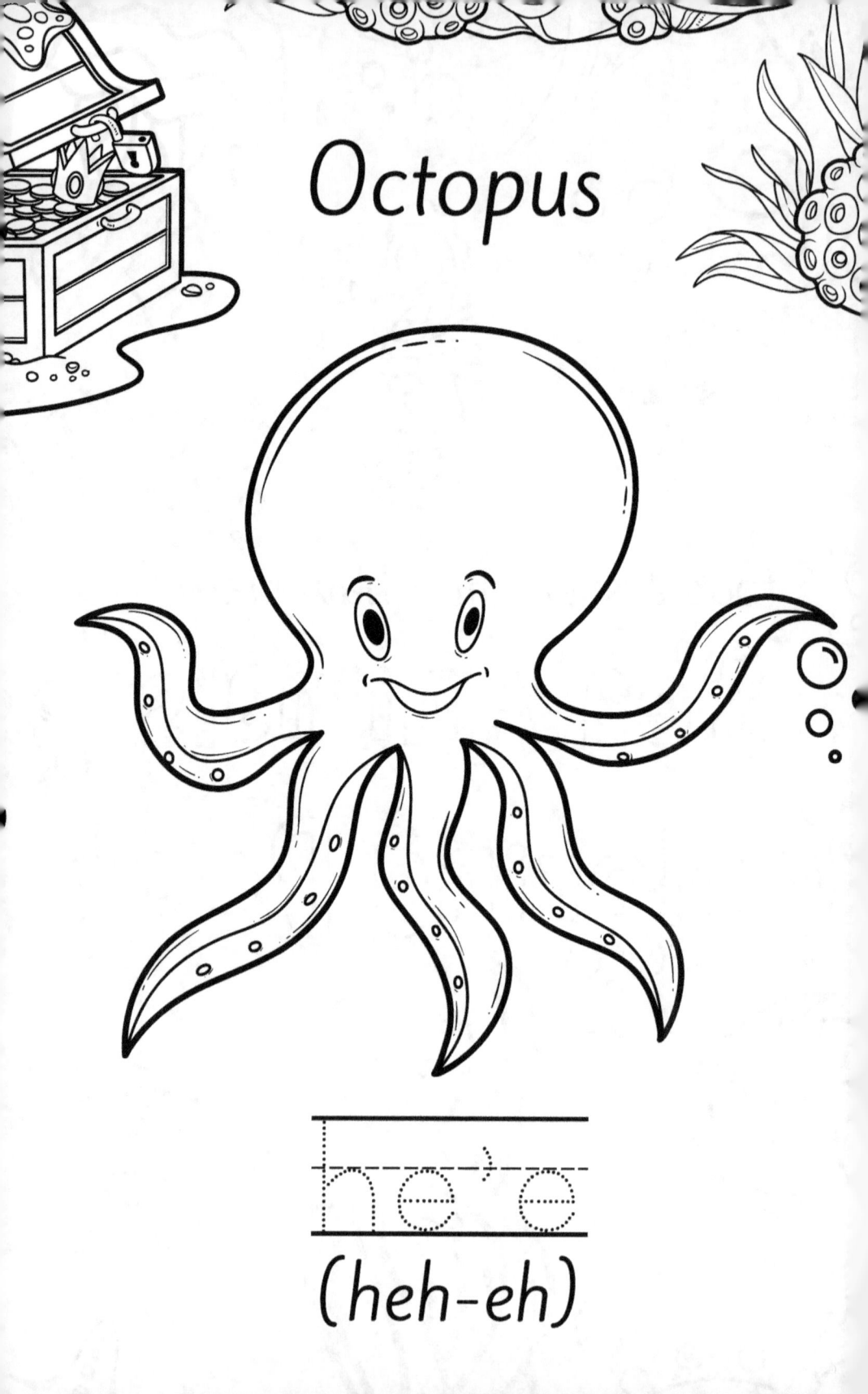

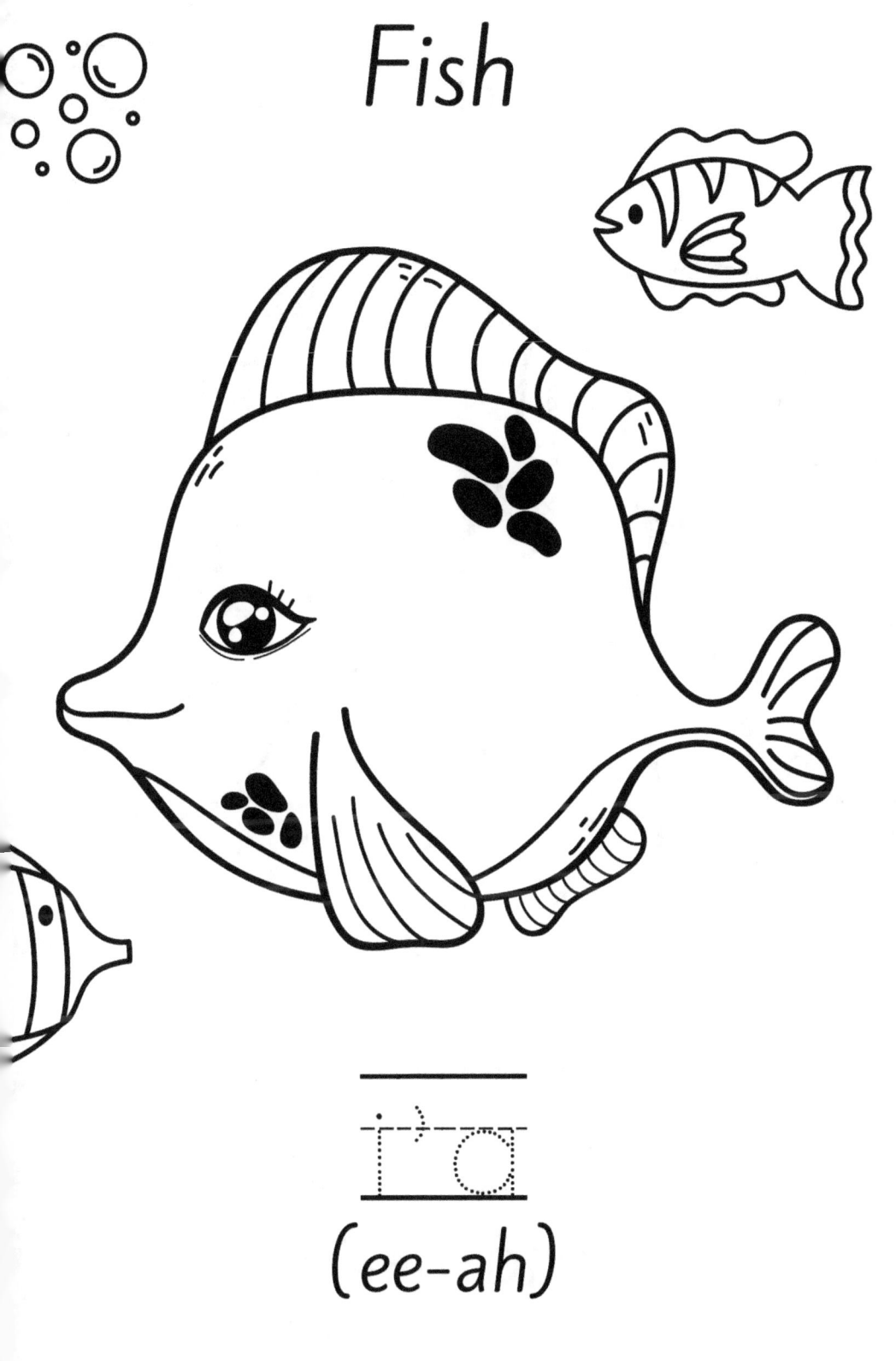

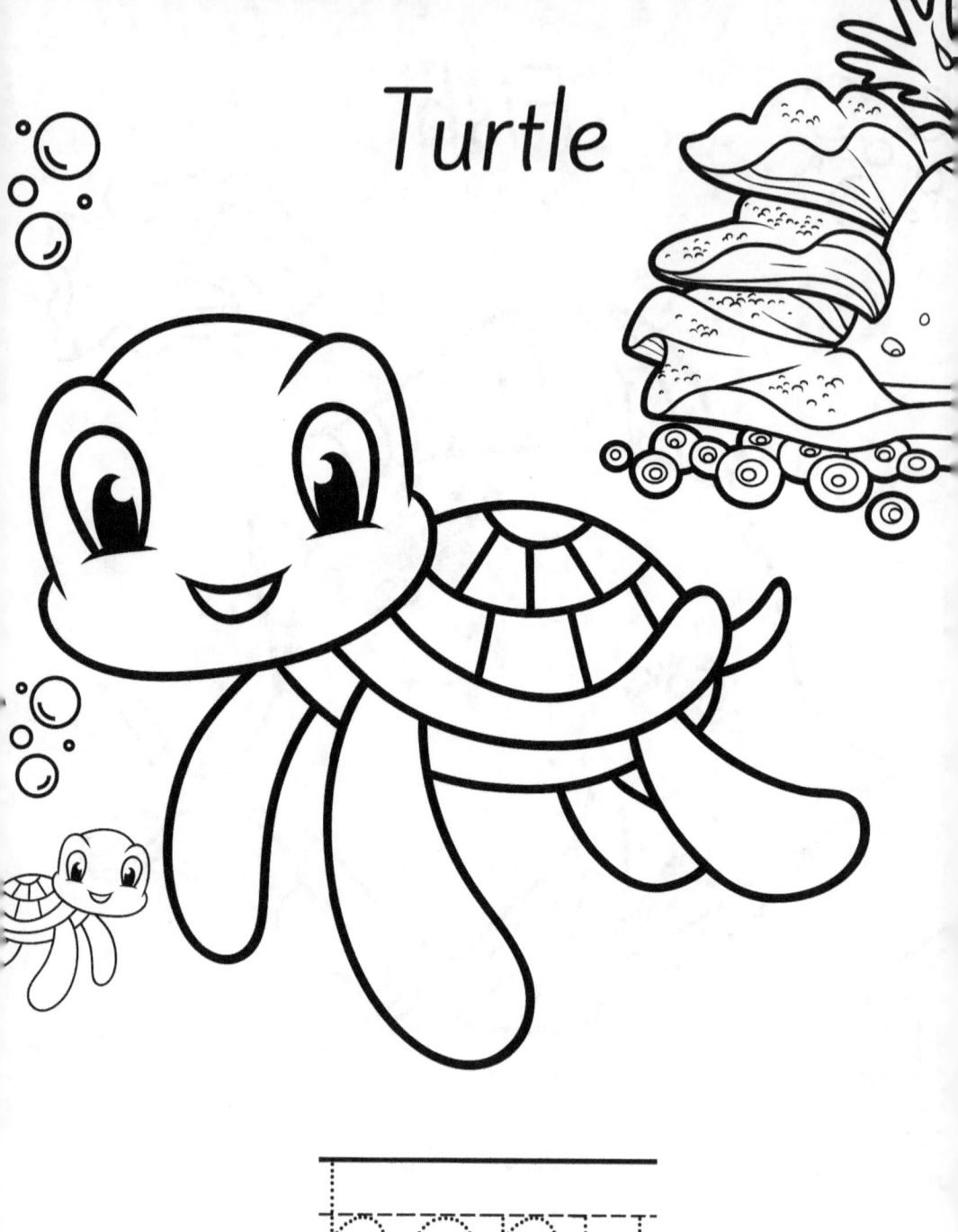

Turtle

honu

(ho-new)

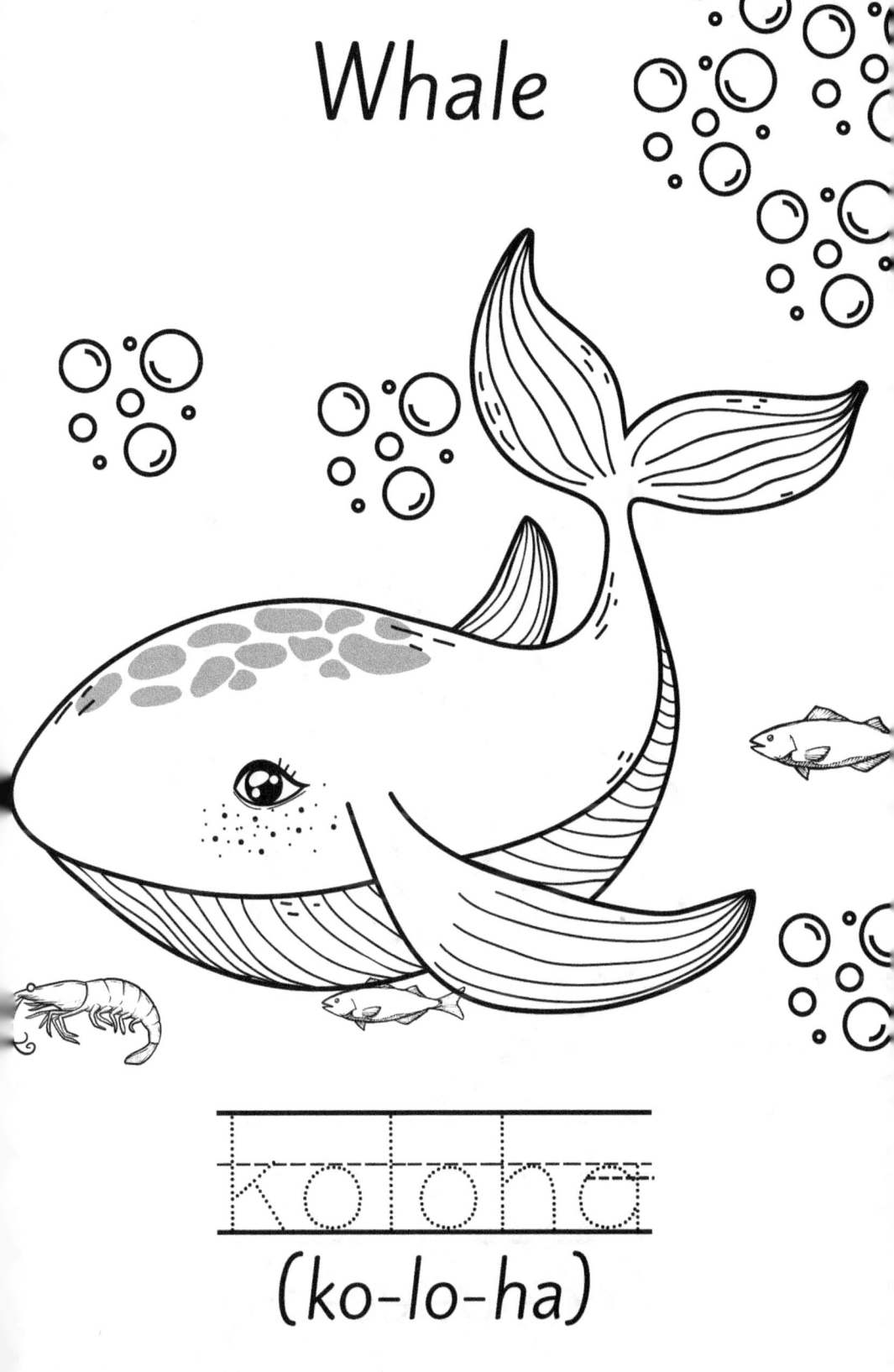

Jellyfish

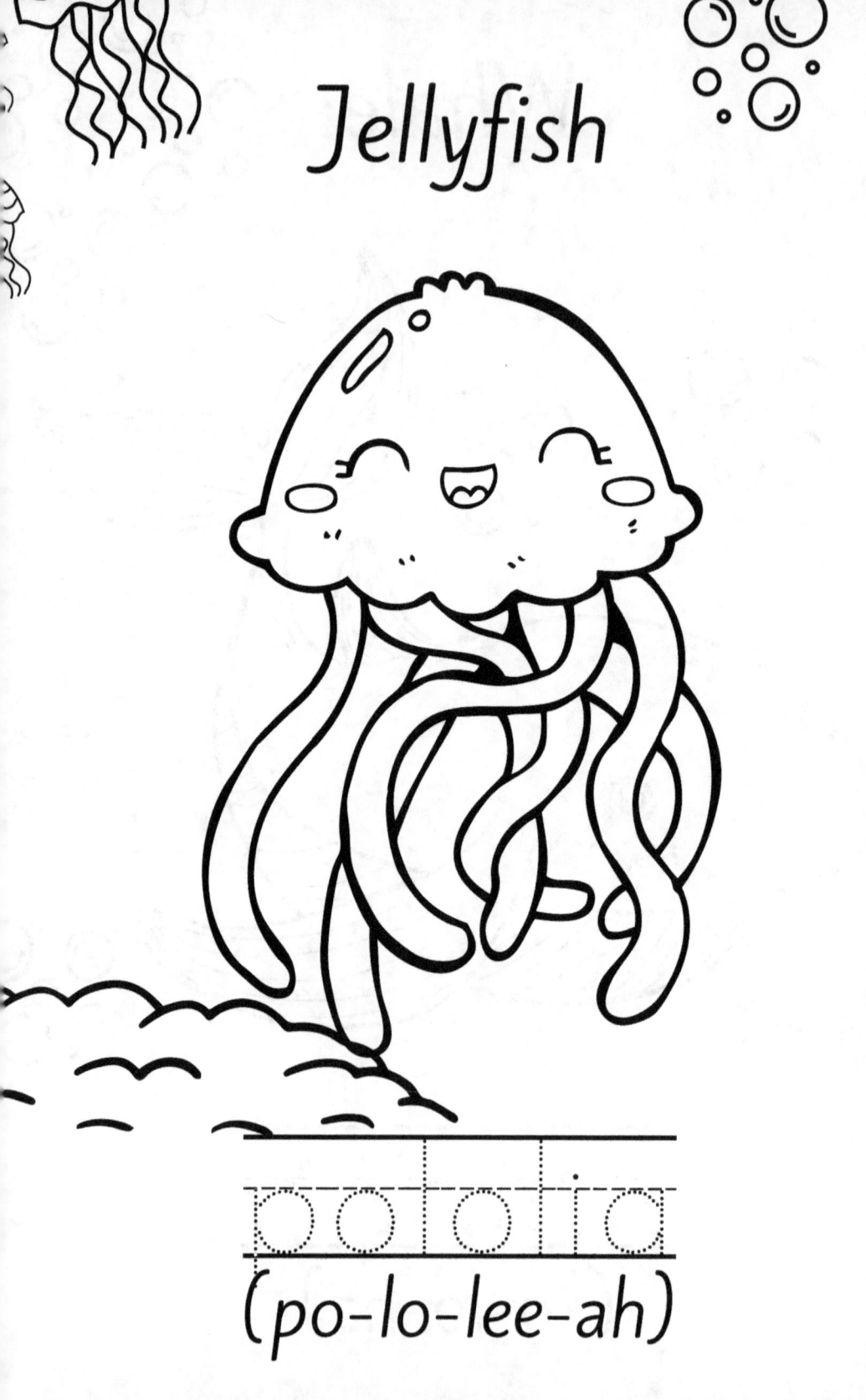

polotia
(po-lo-lee-ah)

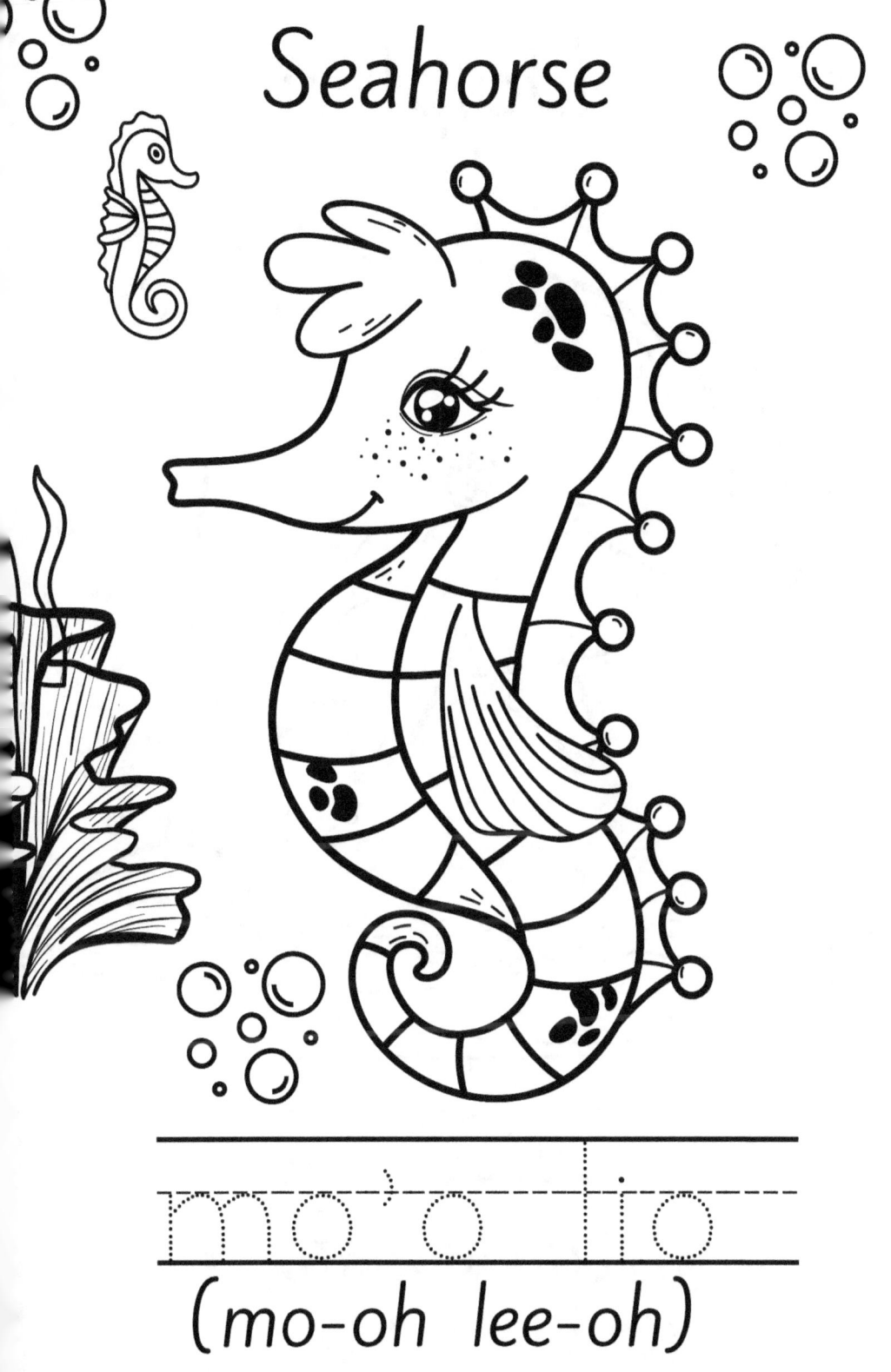

Dolphin

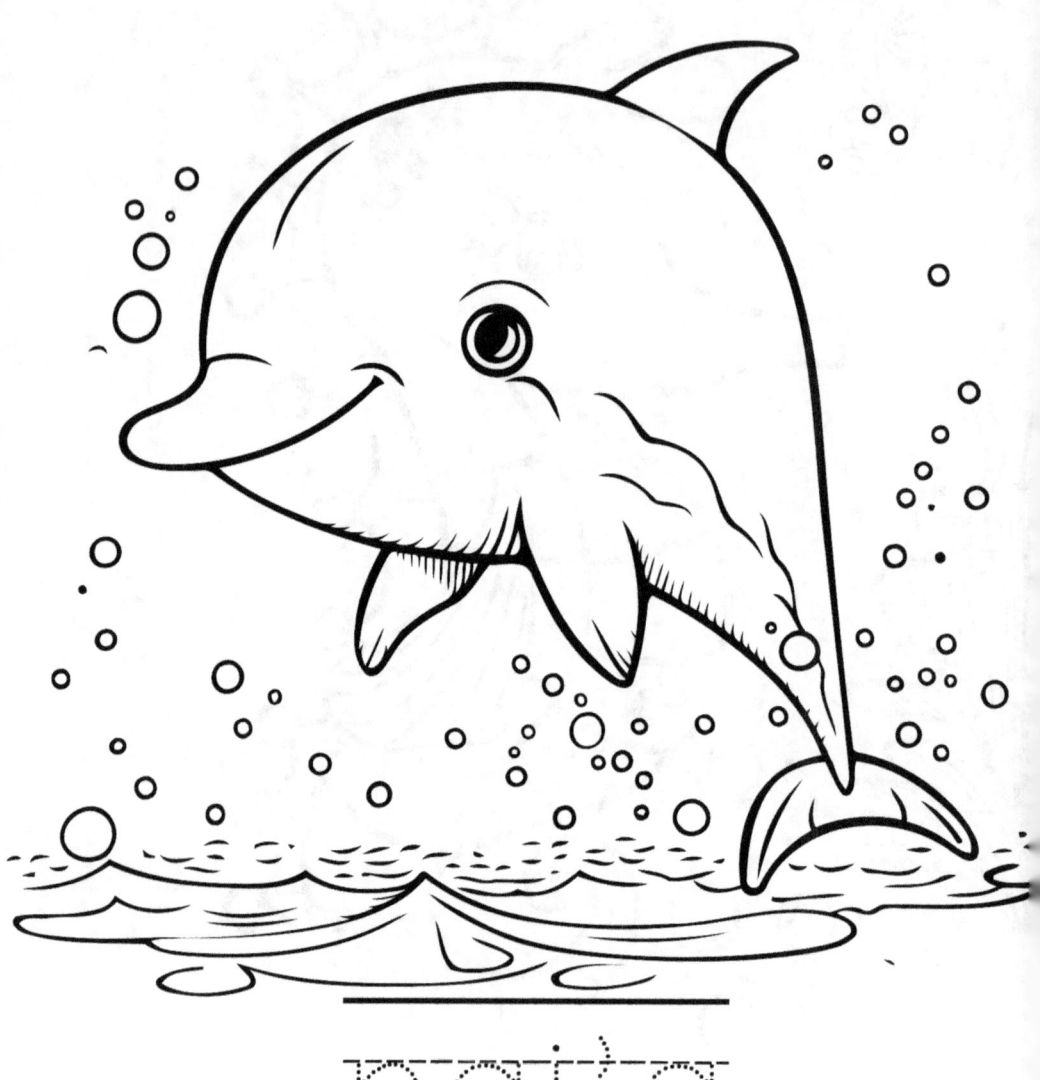

nai'a

(na-ee ah)

Star Fish

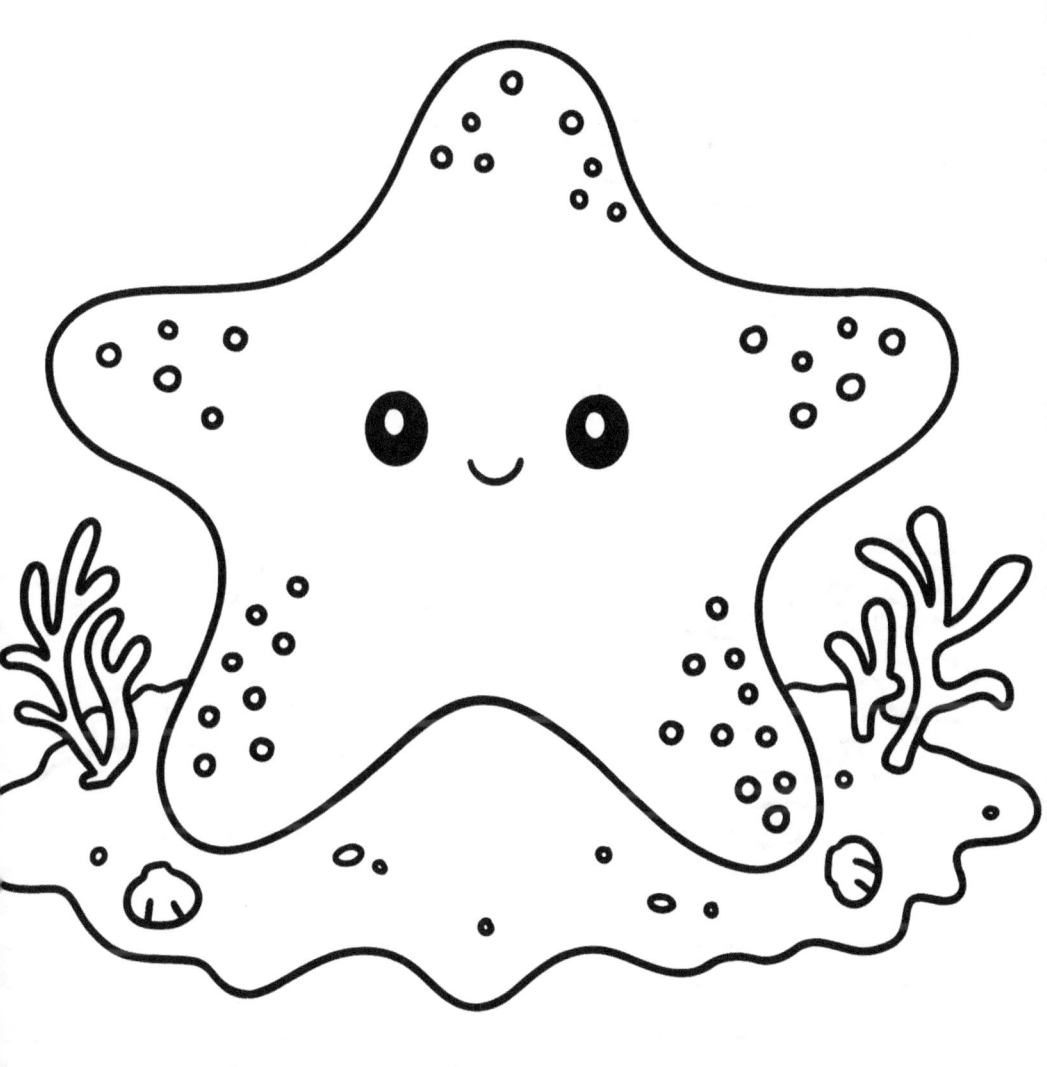

iʻa hōkū

(ee-ah ho-koo)

Monk Seal

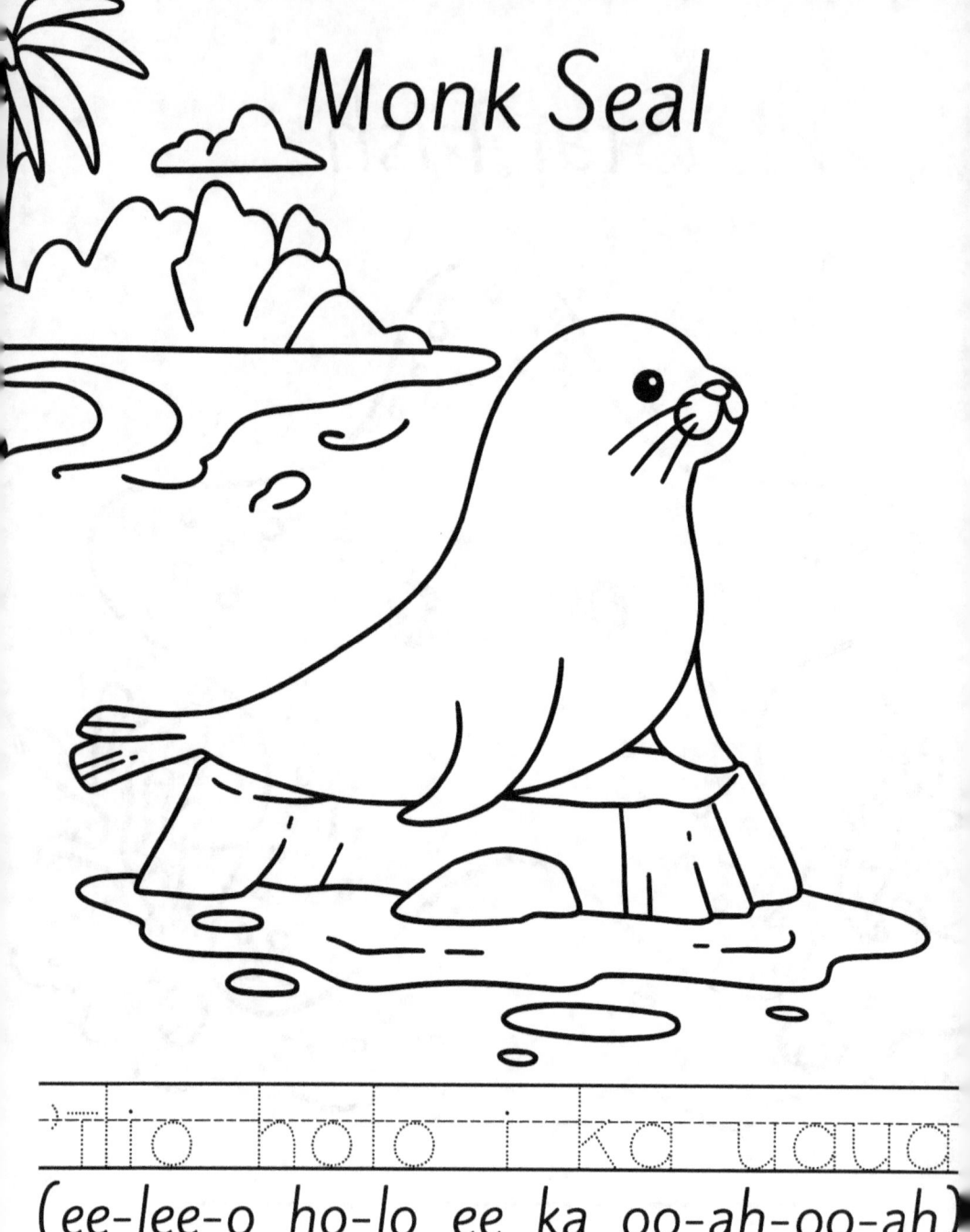

ʻIlio holo i ka uaua
(ee-lee-o ho-lo ee ka oo-ah-oo-ah)

Crab

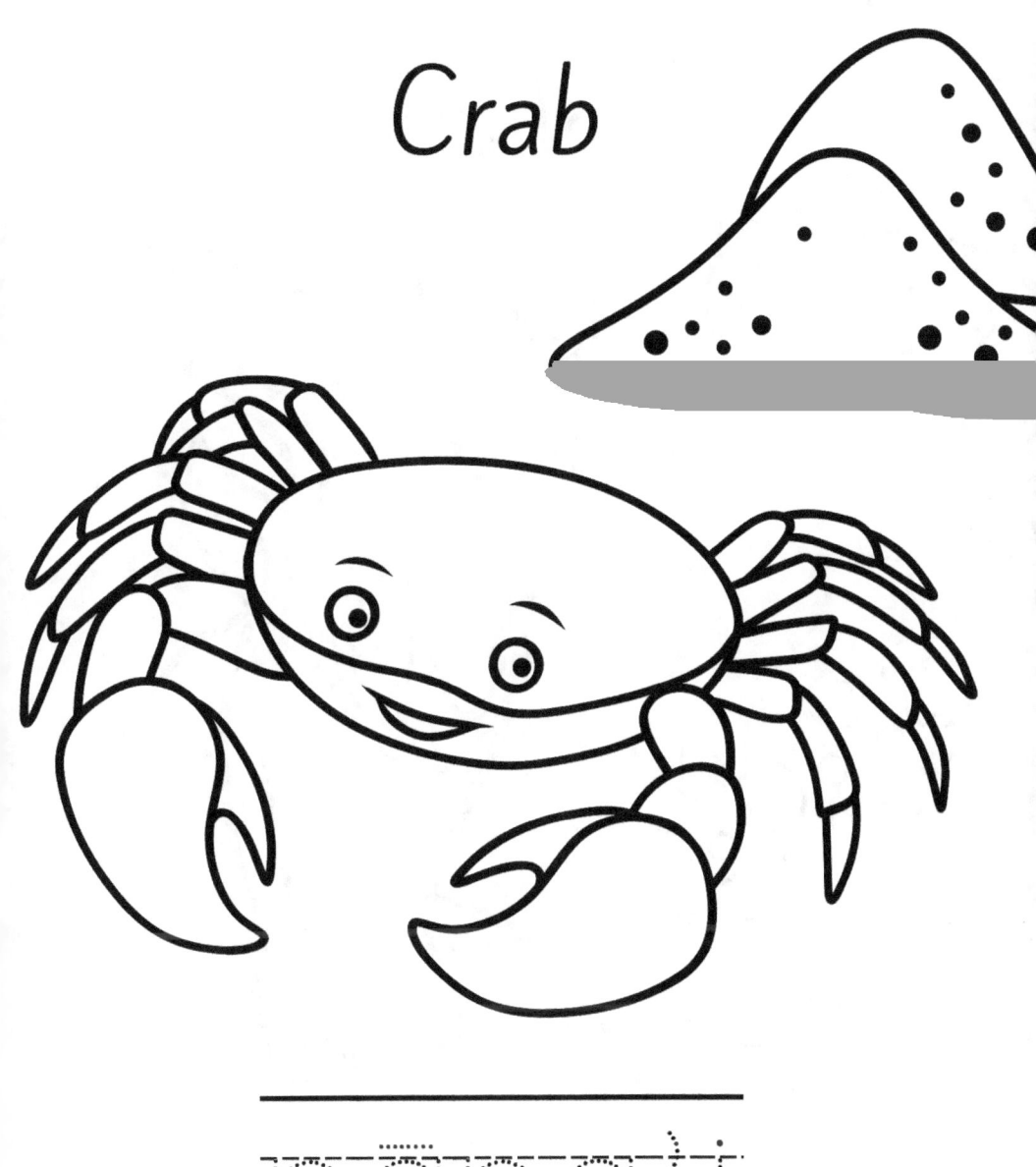

pāpaʻi
(pah-pa-ee)

Shark

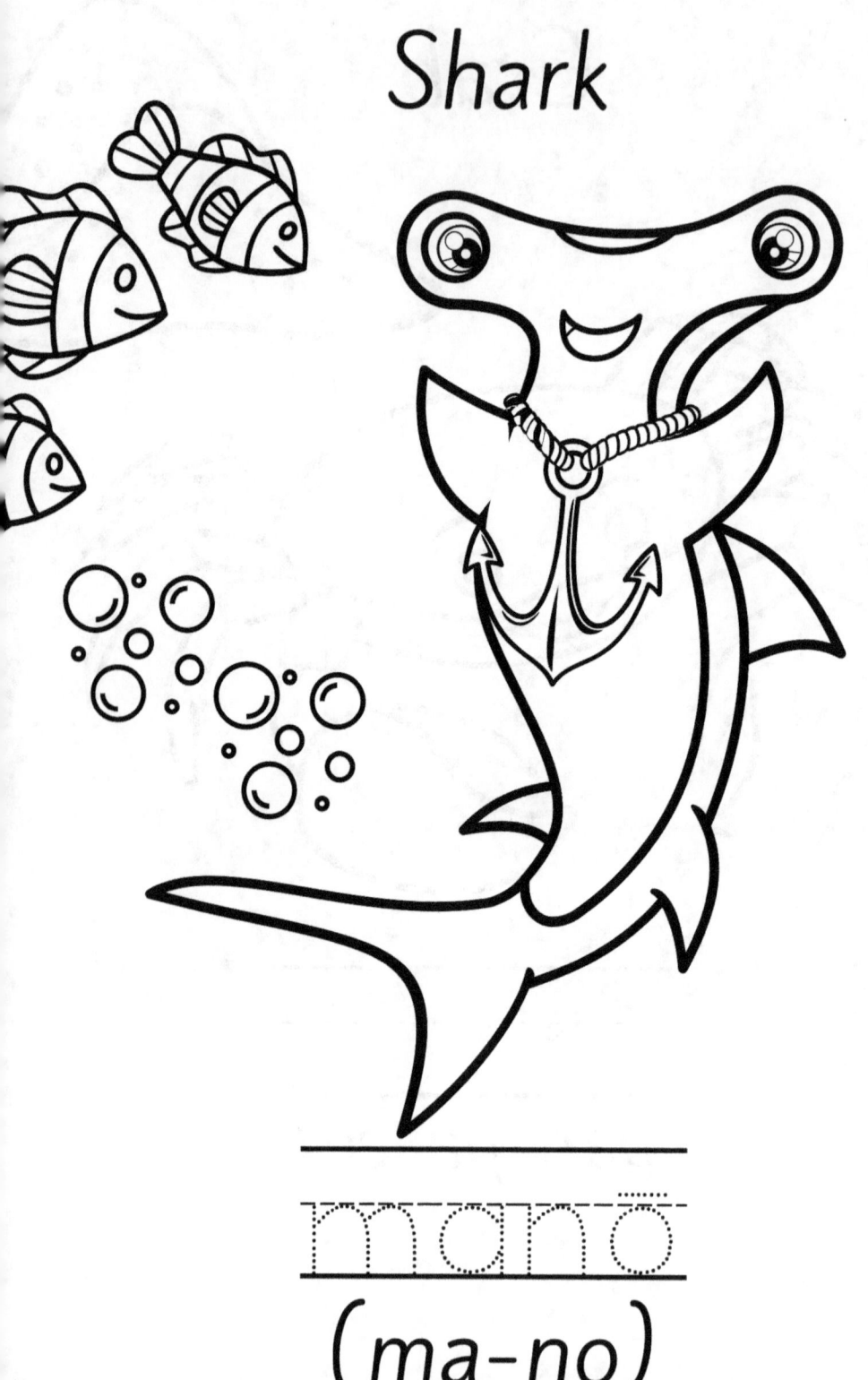

manō

(ma-no)

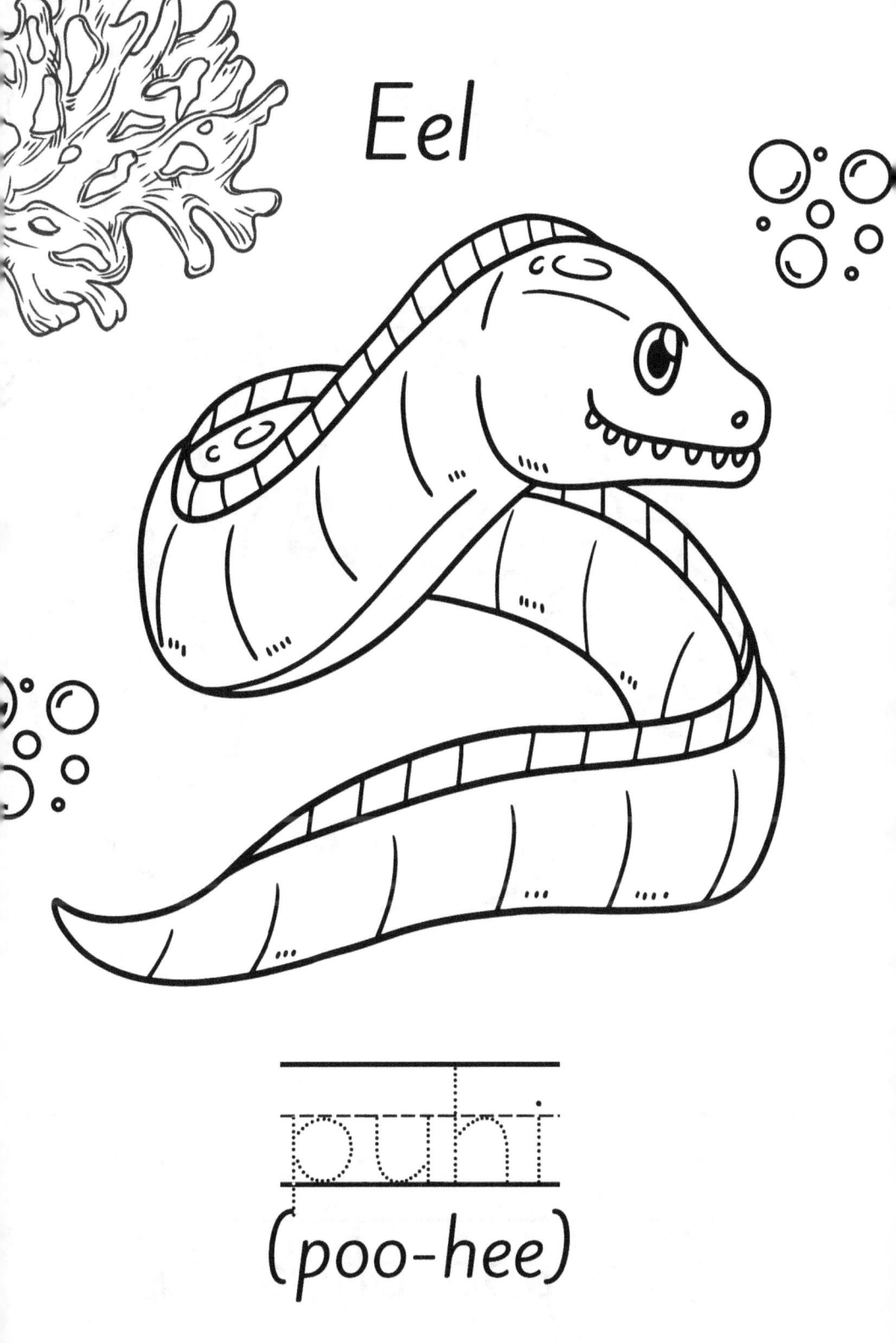

Puffer Fish

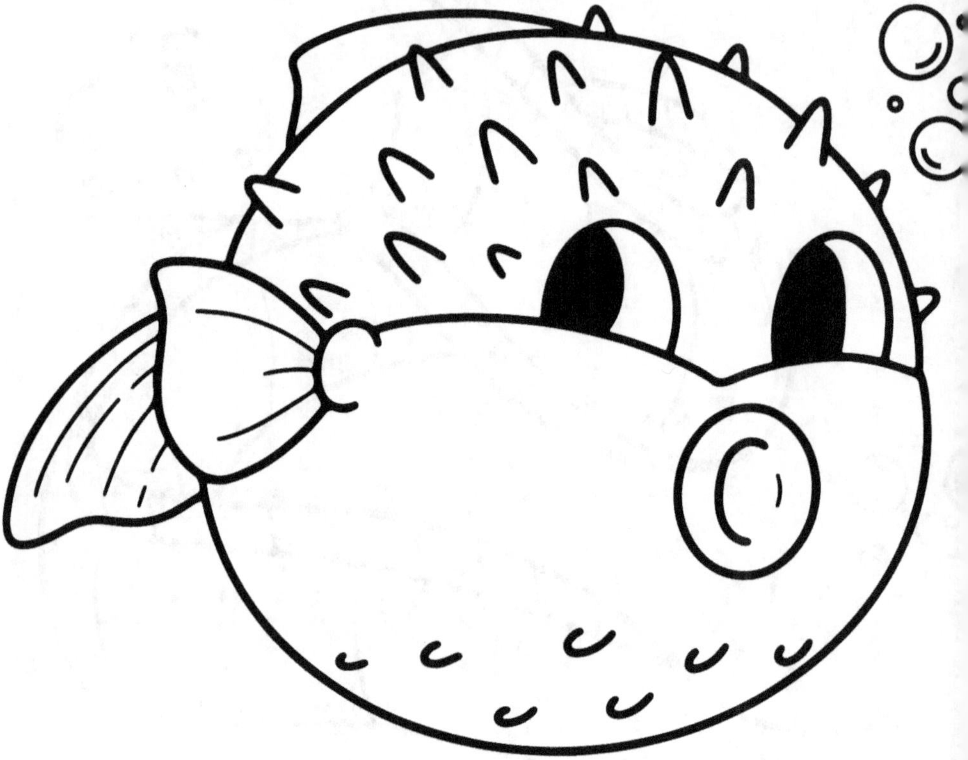

ʻoʻopu ʻōkala
(o o-poo oh-ka-la)

Lobster

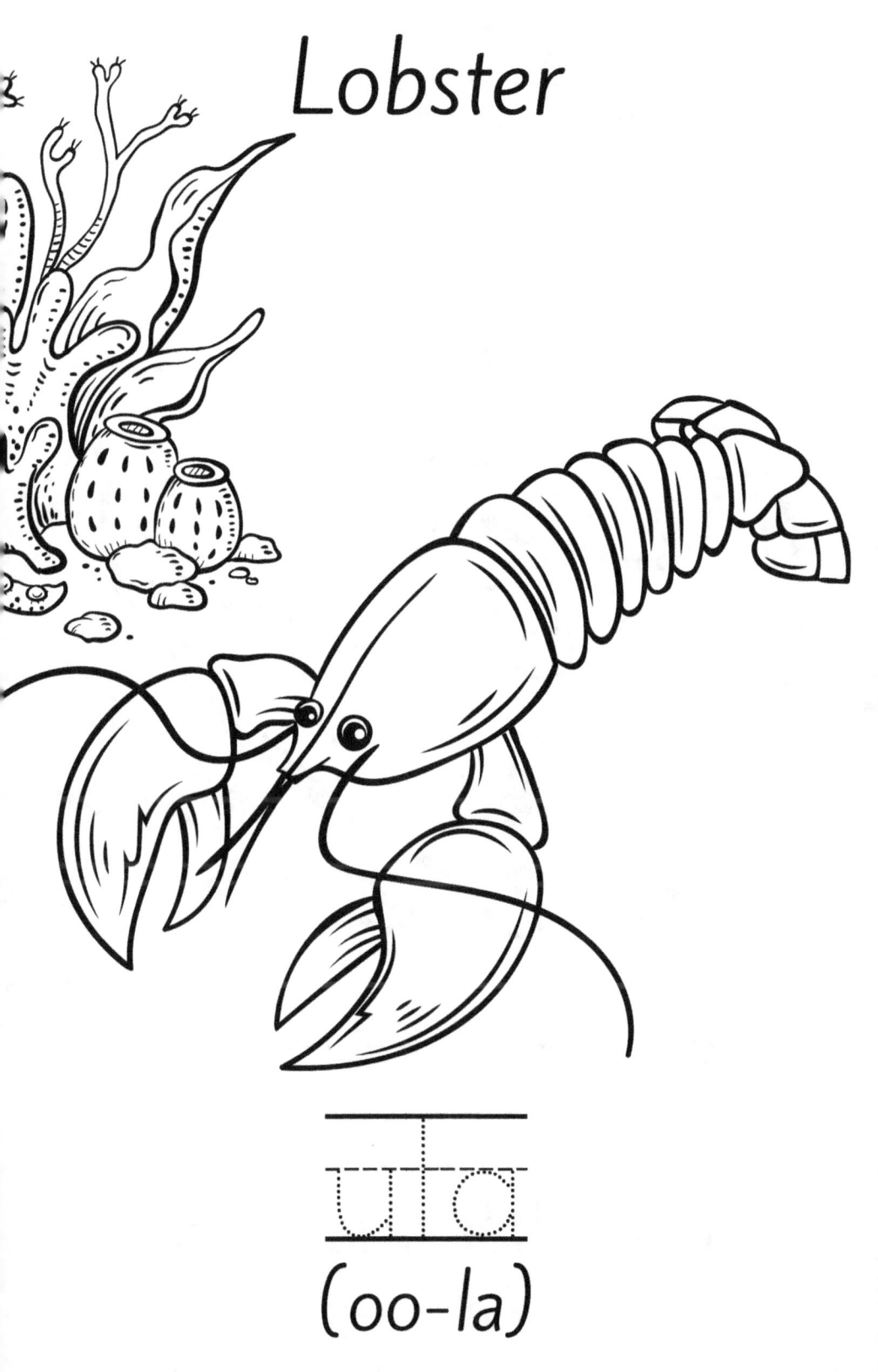

ula
(oo-la)

Stingray

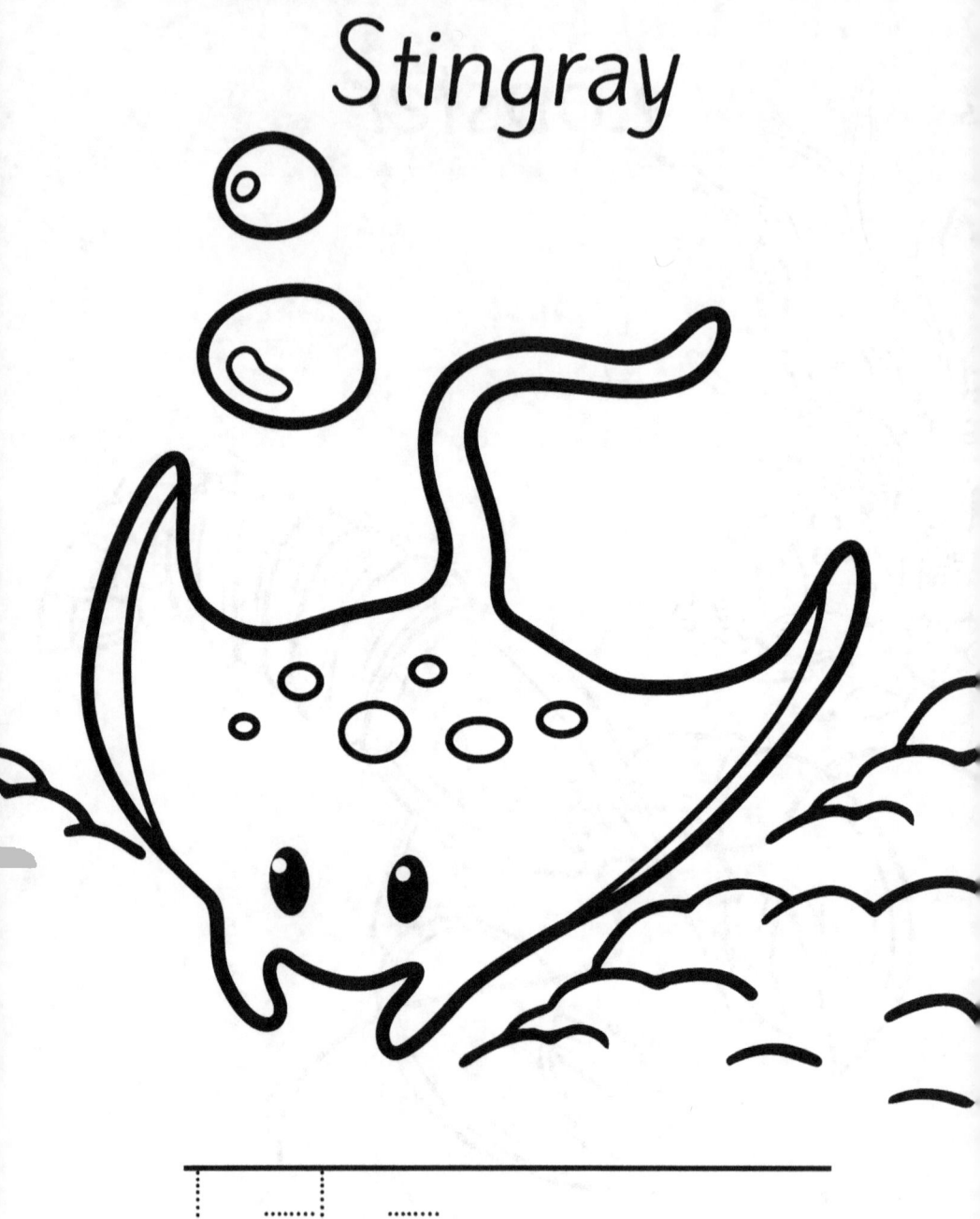

hīhīmanu

(hee-hee-ma-new)

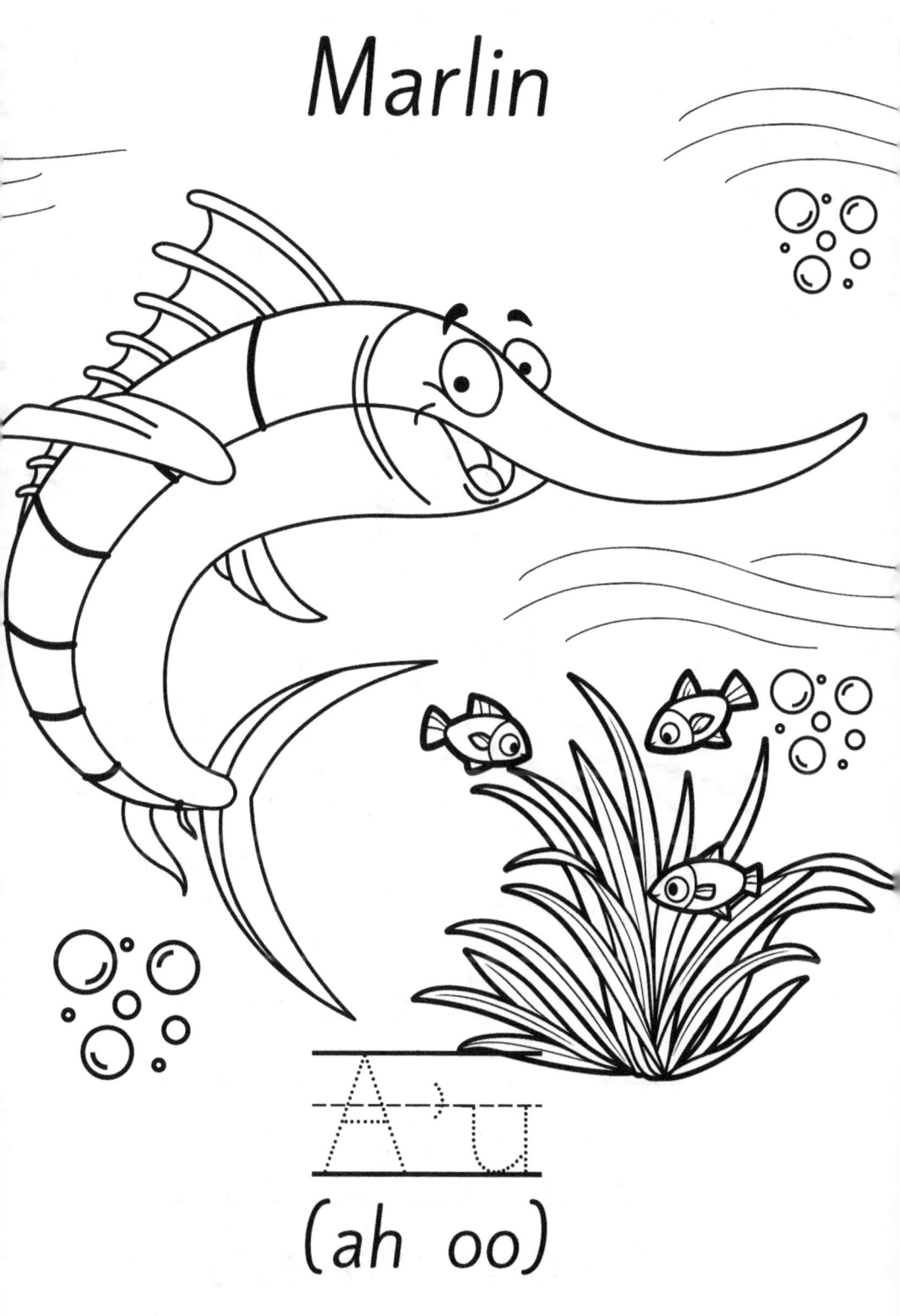

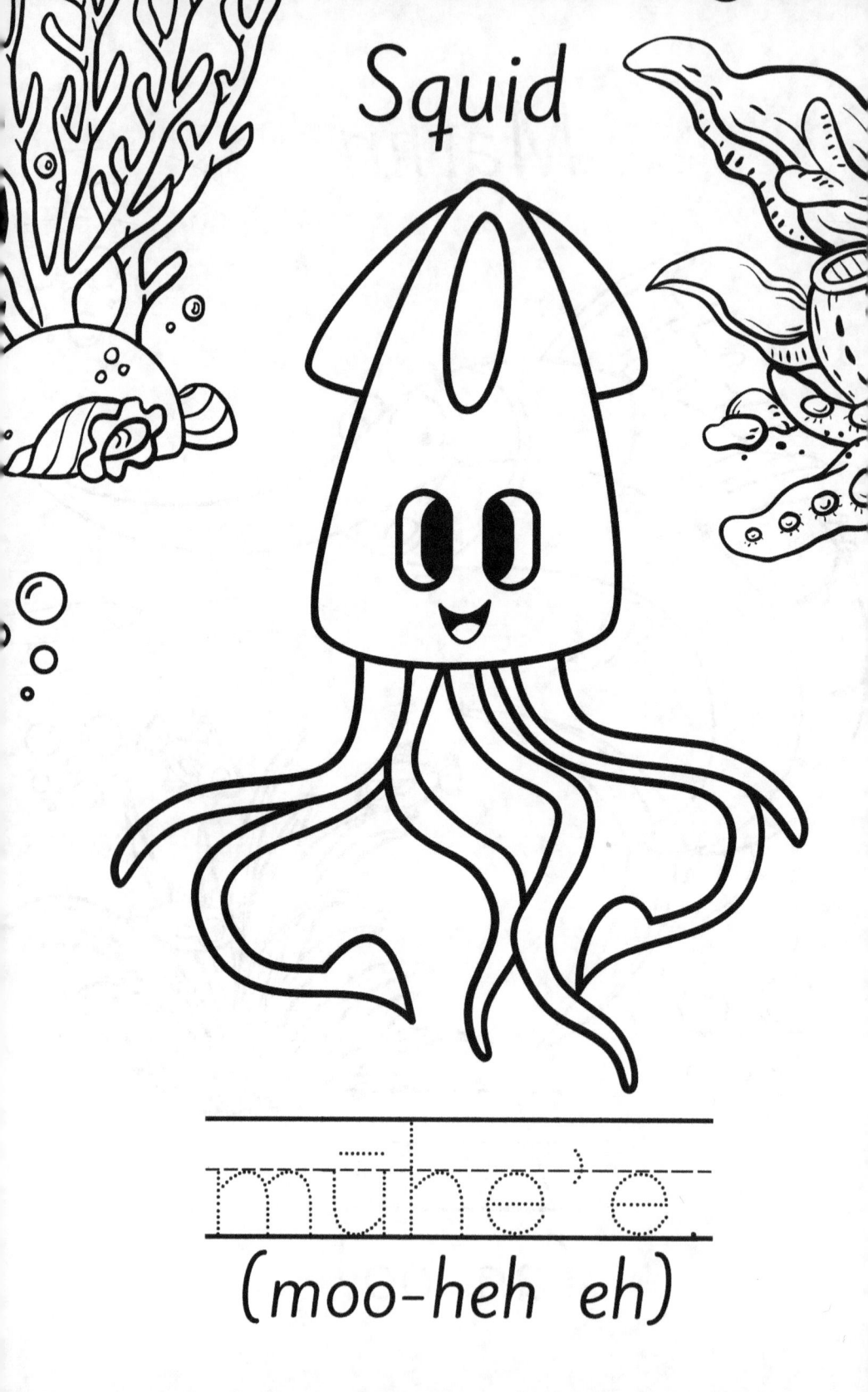

Coral Reef

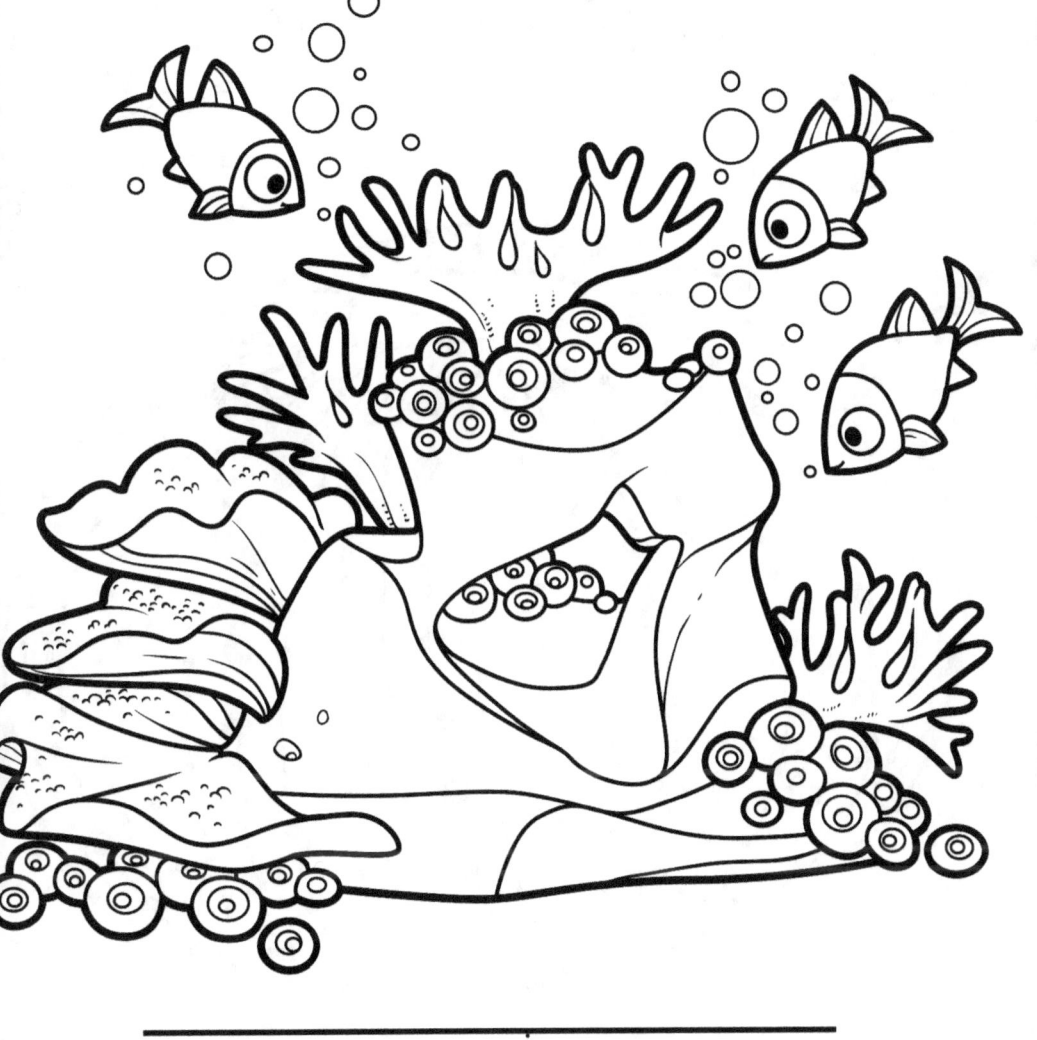

ā a ko a
(ah ah ko-ah)

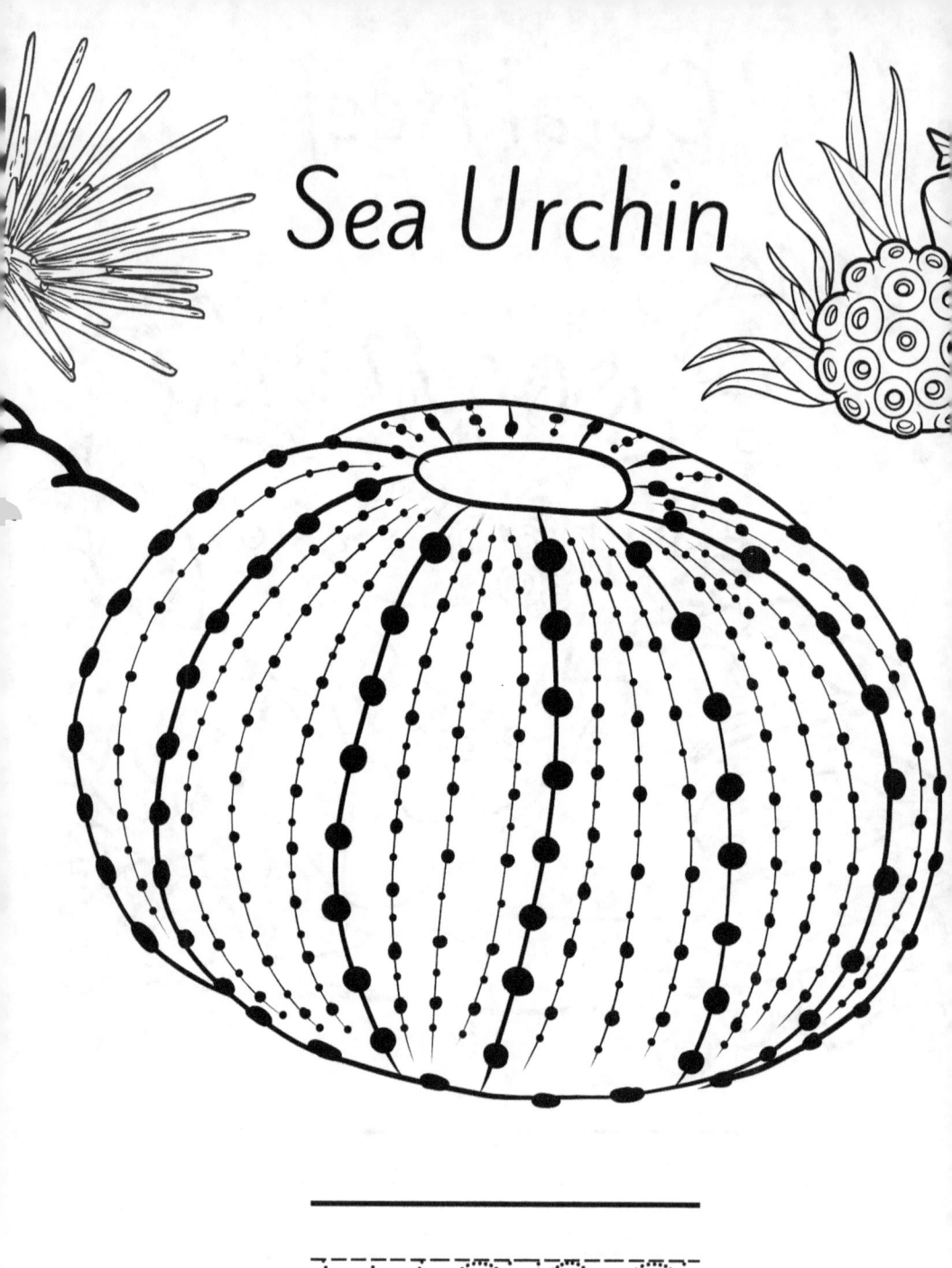

Sea Urchin

wana
(va-na)

Shrimp

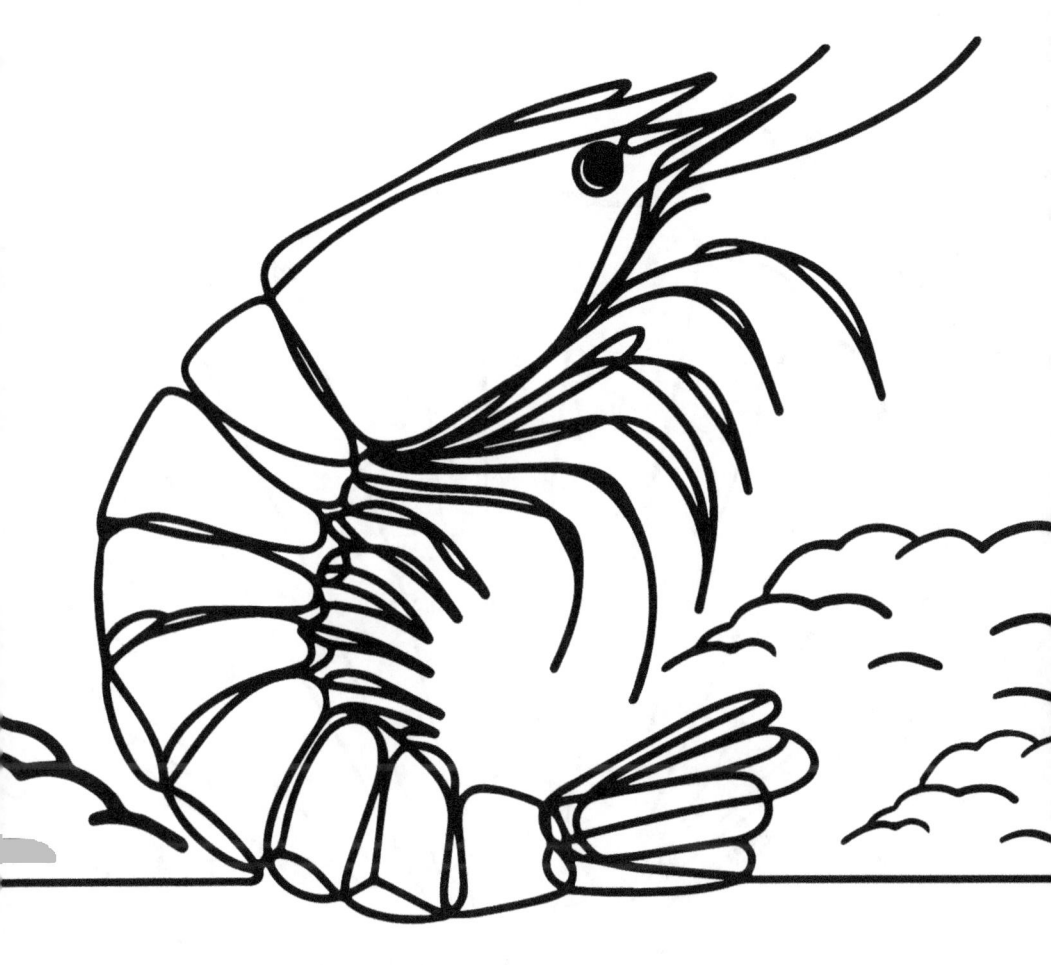

ōpae
(oh-pa-eh)

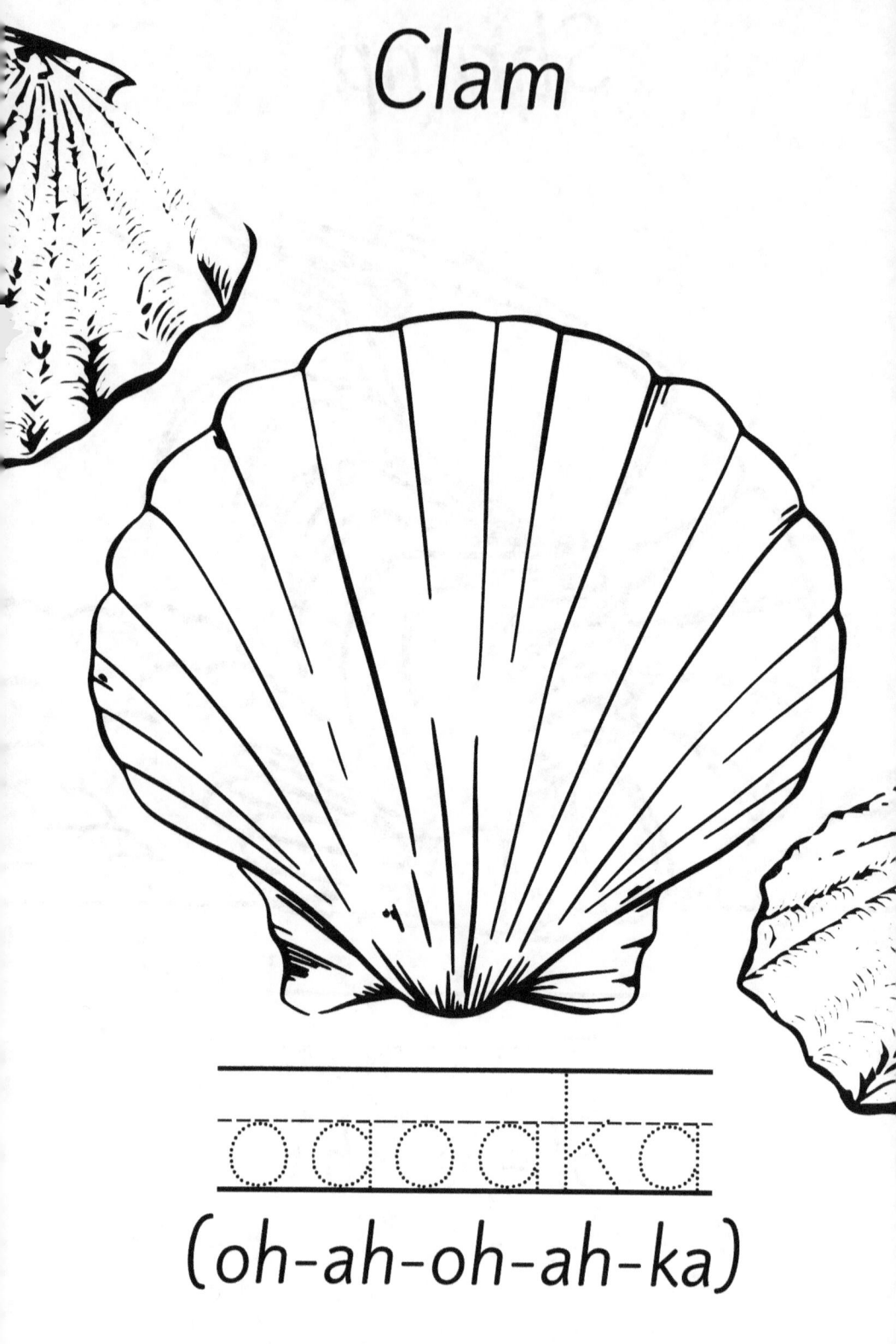

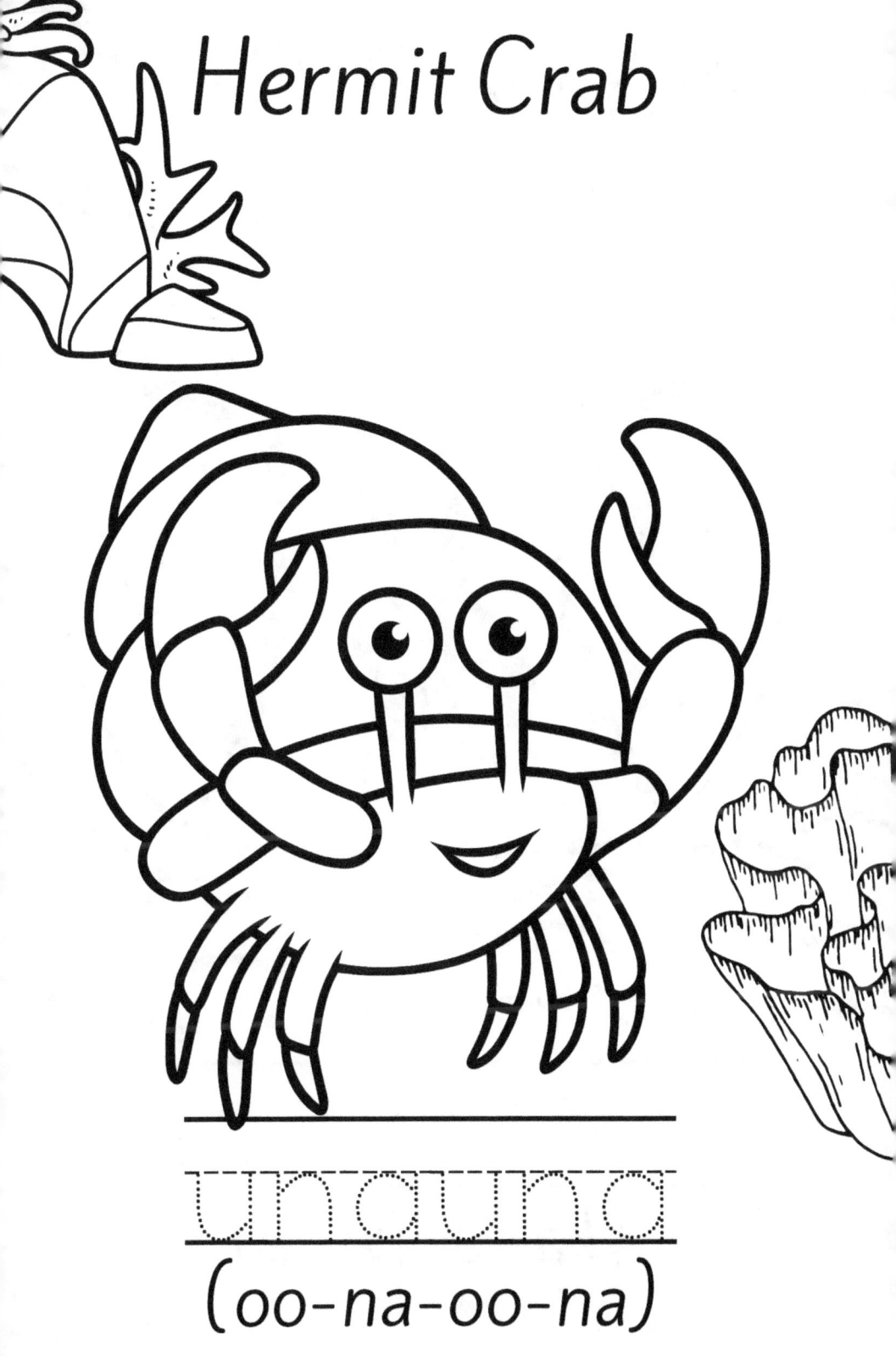

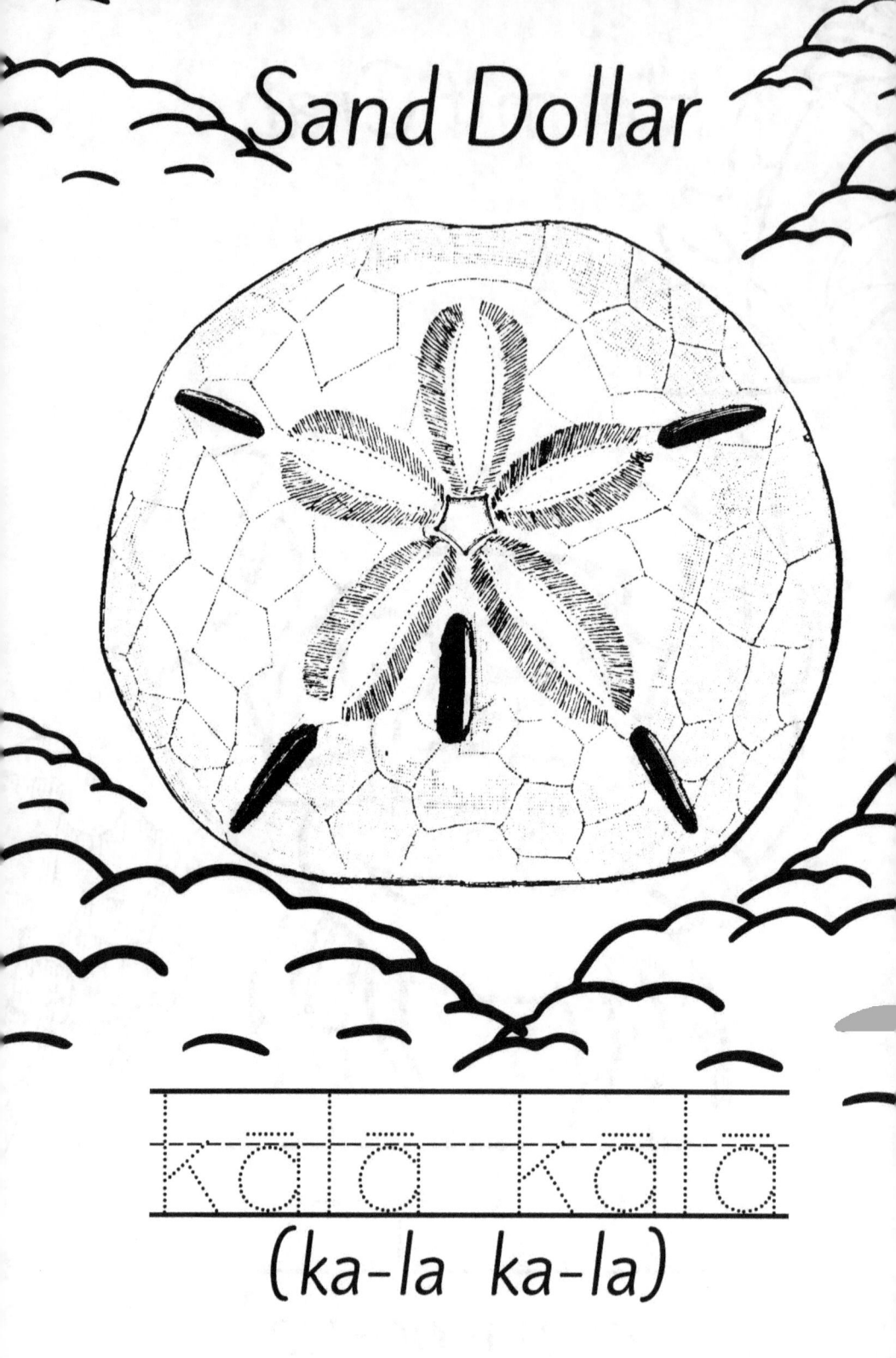

www.ingramcontent.com/pod-product-compliance
Lightning Source LLC
Chambersburg PA
CBHW071002220526
45471CB00007B/3145